Déployer sa confiance en soi

avec la sophrologie

Déployer sa confiance en soi

avec la sophrologie

Murielle Machet

© 2022 Murielle Machet

Édition : BoD – Books on Demand, info@bod.fr

Impression : BoD – Books on Demand, In de Tarpen 42, Norderstedt (Allemagne)

Impression à la demande

ISBN : 978-2-3224-7409-7

Dépôt légal : mai 2023

Préambule

La quête de sens, le besoin d'évolution, d'accomplissement font partie de la condition humaine. Nous sommes né(e)s pour évoluer. Sinon notre couche serait encore en paille au fond d'une caverne. Nous sous-entendons par évolution, les progrès techniques, scientifiques, de santé, etc. Mais à moindre mesure nous avons tous les capacités et les aptitudes pour changer, progresser, se réaliser. Or, nous pensons pour acquis nos schémas de fonctionnement négatifs qui se sont enracinés et cristallisés. Nous pensons qu'il est soit trop tard, soit trop difficile, ou nous ne nous sentons pas à la hauteur de mettre en place un processus de changement. Nous restons ainsi avec nos difficultés, nos impuissances, elles font partie de notre onde intime, en dessinent notre personnalité, notre perception du monde ; et *in fine* notre vie.

J'avais cette version peu idyllique de la vie. On naît avec des faiblesses, on s'aventure dans la vie en amassant des blessures et comme des boulets, on va les traîner jusqu'à notre lit de mort, elle seule pourra nous en délester. C'est avec cette vision de la vie que j'ai évolué pendant très longtemps. Et le manque de confiance en moi a été un des freins principaux (je cumulais les boulets ☹). Née onze ans après deux garçons à fort tempérament, et prenant donc beaucoup de place, j'avais implicitement une mission : me faire la plus petite possible, ne pas faire de bruit. J'ai respecté le vœu silencieux de mes parents : j'ai été sage, un ange… Un ange timide, effacé et n'ayant pas confiance en lui, mais un ange.

Jusqu'à ce que je découvre le développement personnel. J'ai alors pris conscience de mes dysfonctionnements et amorcé une métamorphose. La découverte de la sophrologie m'a donné des outils concrets pour matérialiser cette prise de conscience dans ma réalité physique et quotidienne, dans ma relation avec moi-même et avec les autres. Je me suis libérée, j'ai posé mes boulets (j'ai gardé les plus légers ☺) et ma vie a littéralement changé. C'est ce que je vous souhaite avec les outils et clés délivrés dans cet ouvrage. Un changement de paradigme. Que votre vie soit belle, légère, libre. Qu'elle vous apporte le bonheur et la joie, malgré les aléas, malgré les difficultés.

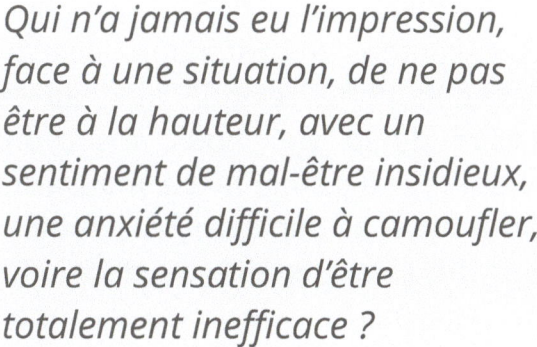

La confiance en soi

Qui n'a jamais eu l'impression, face à une situation, de ne pas être à la hauteur, avec un sentiment de mal-être insidieux, une anxiété difficile à camoufler, voire la sensation d'être totalement inefficace ?

Le manque de confiance en soi chiffonne notre éclat, éclabousse notre optimiste, percute notre enthousiasme.

Avoir confiance en soi est l'une des clés du bien-être : nous acquérons le courage nécessaire pour nous affirmer, obtenir ce que nous voulons ; nous sommes alors à l'aise avec nous-même et les autres.

Ainsi, et pour que plus rien ne vous arrête, apprenez à avoir confiance en vous !

> *« Ce n'est pas parce que les choses sont difficiles que nous n'osons pas, mais parce que nous n'osons pas qu'elles sont difficiles. »*
>
> *Sénèque*

Pourquoi la confiance en soi est essentielle dans notre vie ?

Sans assurance, nous ressentons un profond malaise qui altère notre épanouissement, notre relation aux autres, notre relation aux plaisirs de la vie. Nous absorbons difficilement les déceptions, désagréments ou mauvaises nouvelles. Ainsi, nous nous laissons dépasser par les aléas de la vie, n'agissons plus, ne prenons plus de décisions ; nous ne sommes donc plus maîtres de notre vie, mais spectateurs.

Différence entre amour de soi, estime de soi et confiance en soi

Ces trois concepts ne sont pas évidents à différencier. L'amour de soi et la confiance en soi sont les ressources qui permettent à l'estime de soi d'exister.

• L'amour de soi est l'acceptation indulgente et bienveillante de qui l'on est, malgré nos échecs, nos carences.

• La confiance en soi est le sentiment que l'on pourra faire face, que l'on en sera capable. C'est la croyance en nos capacités, notre potentiel.

• L'estime de soi est l'appréciation, l'évaluation que l'on se fait de soi, de ce que l'on vaut.

Quels sont les signes d'un manque de confiance en soi

- Culpabilité
- Sentiment d'infériorité
- Timidité
- Peur de la critique, du jugement
- Incapacité à s'affirmer, à dire non
- Dévalorisation, sous-estimation
- Inaction
- Perfectionnisme

- Mise en retrait
- Insatisfaction générale

Les conséquences du manque de confiance en soi sur notre vie

Le manque de confiance en soi est un état psychologique pouvant altérer notre personnalité. Il peut mener à un mal-être général voire à des états de dépression, d'addiction, d'anxiété et à un isolement social.

D'où vient le manque de confiance en soi ?

Les causes du manque de confiance en soi sont multiples. La principale vient de notre enfance. En effet, depuis tout petit, et pour grandir sereinement et prendre notre place, nous nous autocensurons afin de répondre aux attentes des autres. Cela nous a assuré une certaine sécurité psychoaffective. Mais nous avons ainsi alimenté des croyances limitantes (comme le fait de ne pas être à la hauteur, de ne pas être capable), qui sont restées ancrées à l'âge adulte.

Qu'est-ce qui altère la confiance en soi ?

Les peurs sont à l'origine d'une déficience de confiance en soi : la peur du jugement, de la critique, peur d'être mal perçu(e), écarté(e) voire rejeté(e), peur de ne pas être aimé(e), etc.

Nous ne devons pas oublier que nous sommes des êtres sociaux. Ces peurs alimentent l'impact du regard de l'autre, qui peut même prendre une place disproportionnée. Nous allons chercher en permanence une reconnaissance des autres. Ainsi, nous nous adaptons, nous modifions nos comportements pour répondre aux opinions, aux attentes des autres… Ce qui vient alimenter notre manque de confiance en soi.

Sophrologie et confiance en soi : de la théorie à la pratique

La sophrologie est une méthode psychocorporelle d'harmonisation du corps et de l'esprit qui permet de mobiliser et de renforcer ses ressources personnelles.

Elle aide à déprogrammer le mental et utilise les ressources de notre cerveau pour calibrer, clarifier, orienter, se projeter et préparer favorablement notre futur.

Les techniques utilisées en sophrologie permettent d'activer des puissants leviers pour faire face aux doutes, aux blocages, aux démotivations, à la déficience d'estime de soi, etc.

Cette méthode favorise ainsi le changement du regard que l'on se porte, en identifiant et valorisant nos forces, nos aptitudes et en accueillant nos failles.

Vous apprenez ainsi à vous accepter tels que vous êtes avec vos qualités, mais aussi vos fragilités. Vous apprenez à avoir confiance en vous, tout en ayant une conscience objective de vos fragilités et défauts. Vous apprenez à affirmer qui vous êtes, malgré vos imperfections, vos limites et vos parts d'ombres.

Avec un travail en profondeur sur vos valeurs, sur vos besoins et sur ce qui fait sens pour vous, vous renforcerez votre assurance. Vous vous affirmerez, vous vous positionnerez ainsi plus facilement, ce qui va renforcer la confiance en soi.

De plus, la sophrologie va avoir un impact positif sur la maîtrise des sensations corporelles incommodantes voire paralysantes dans les situations de manque de confiance en soi (transpiration excessive, palpitations, gorge nouée, tensions musculaires, tremblements, mal au ventre, mains moites…).

Par ailleurs, ce qui alimente votre confiance en soi, c'est l'action. Au travers l'entraînement sophrologique, vous allez puiser en vous l'énergie, la motivation, l'engagement nécessaire pour agir et dépasser votre zone de confort.

En reprenant les commandes de vos pensées, en revenant à l'instant présent, mais aussi en vous déchargeant des peurs, ruminations et inquiétudes, vous renforcez votre sécurité intérieure. La sécurité intérieure est un des piliers de la confiance en soi car elle permet de se mettre en mouvement, d'agir, de s'accomplir, et ceci dans des conditions optimales.

L'entraînement sophrologique développe la connaissance de soi, l'affirmation de soi, l'estime de soi, la capacité à prendre du recul par rapport aux échecs, et la capacité à croire en l'avenir qui sont les fondements de la confiance en soi. C'est un véritable mode de vie qui va vous offrir l'occasion de vous améliorer en tant que personne.

Comment se pratique la sophrologie ?

Le corps et l'esprit sont intimement liés. Notre façon de penser a un impact sur notre corps et réciproquement. De ce fait, la sophrologie utilise des techniques de relaxation et d'activation du corps et de l'esprit.

Les outils de sophrologie, le travail en sophrologie se base sur trois types d'outils : la respiration contrôlée, la détente musculaire et la suggestion positive (ou visualisation).

La respiration permet de calmer rapidement le mental et de revenir au moment présent, la détente musculaire fait renouer avec le corps et vos ressentis, enfin, la visualisation remodèle en quelque sorte le cerveau en lui proposant de nouveaux scénarios, de nouvelles connexions cérébrales.

Je vous conseille vivement de franchir une étape par semaine. Cet ouvrage se décompose en huit chapitres, soit huit semaines de pratique. Nos croyances limitantes sont tellement ancrées qui huit semaines sont à la fois suffisamment longues pour laisser le temps au cerveau de changer et courtes pour que vous restiez inspiré(e).

PRENDRE DU RECUL FACE AUX SCHÉMAS AUTOCRITIQUES ET DÉVALORISANTS

Vous connaissez ce doux refrain de phrases assassines que vous répétez inlassablement. Cette musique de fond en critiques majeures ! « Tu vois bien que tu es incapable », « tu es nulle, capable de rien »...

Arrêtez de vous dénigrer !

Nous sommes ainsi **souvent dur(e)s envers nous-mêmes, et bien souvent notre pire ennemi(e).** Nous nous blâmons, nous nous rabaissons, nous nous condamnons. Or, c'est épuisant, sans fin et surtout contre-productif, car cette **pratique nous sabote, nous rend vulnérables, insécurisé(e)s, et** nous renferme dans un fonctionnement négatif. Alors, arrêtons la torture interne ! Pratiquons l'auto-compassion qui sera bien plus révélatrice de notre potentiel et talent.

Votre défi

Votre défi de ce début de parcours : arrêtez de vous dénigrer, car vous n'en avez pas conscience, mais vous produisez, en alimentant ces pensées dévalorisantes vos propres souffrances. Si votre discours intérieur est positif, il générera des pensées et des actions positives.

Pour ne plus douter, **apprenez à vous parler !**

La première étape consiste à prendre conscience de ce que vous vous dites. N'oubliez jamais de vous écouter, comme si vous parliez à un ami. Car toutes vos pensées vont avoir un impact.

Imaginez que vous vous apprêtez à passer votre permis bateau. Vos pensées tournent en boucle « *De toute façon, je suis nul(le), je n'y arriverai jamais* ». Fort à parier vous n'allez pas montrer le meilleur de vous-même et que cet examen se solde par une fin de non-recevoir... Vous avez programmé mentalement votre échec, et ce, au travers de vos ruminations.

Vos pensées vont créer votre réalité ! Tous les résultats que vous obtenez dépendent de vous ! En changeant vos pensées, vous allez changer vos résultats car vous allez adapter, modeler vos comportements en fonction de votre discours intérieur.

Ainsi, si vous vous identifiez comme une personne sans assurance, sans confiance en elle, alors, vous allez vous mettre en retrait de toute concrétisation, voire en échec. Tout simplement car vous allez réagir en de vos croyances.

Prenez donc le temps de prêter attention à votre monologue intérieur.

Changez votre discours intérieur

La 2ème étape vous permettra d'ouvrir les portes de votre force et puissance intérieure en modifiant vos pensées !

Vous allez substituer vos pensées de sabotage par des pensées plus constructives.

Vous ne pouvez pas passer de « *Je suis nul(le)* » à « *Je suis le (la) meilleur(e), je réussis tout ce que j'entreprends* », car il vous faut choisir des pensées réalistes, auxquelles vous pouvez adhérer. Sinon, cela sera contre-productif car votre cerveau va réfuter cette nouvelle idée. Toujours dans notre exemple du permis bateau, vous pourriez ainsi vous dire :

« *Je me suis bien préparé(e), donc tout va bien se passer* », ou autres pensées constructives.

> « *Une seule petite pensée positive le matin peut changer votre journée entière.* »
>
> Dalaï lama

La boite à outils sophro - chasser ses pensées négatives

Voici un exercice de sophrologie pour chasser les pensées négatives Vous utiliserez cet outil chaque fois qu'une pensée négative se fait trop présente.

Pompage des épaules (évacuer les ruminations)

Enchaînement à faire trois fois

• Inspirez doucement par le nez tout en gardant les bras tendus le long de votre corps, les poings fermés. Retenez votre respiration et contractez vos muscles quelques instants.

• Haussez les épaules plusieurs fois (en gardant les bras droits) et les poings serrés (la respiration toujours bloquée).

• Puis relâchez les épaules en soufflant fortement par la bouche en ouvrant les poings comme pour vous libérer de ces pensées négatives présentes en vous.

"LA PEUR EST LE PIRE ENNEMI DE LA CONFIANCE EN SOI"

La peur et la confiance en soi sont les deux faces d'une même médaille. Si la confiance augmente, la peur diminue et inversement.

La peur paralyse, vous oblige à vous retrancher. Vous n'êtes pas en pleine possession de vos capacités. Vous ne pouvez donc pas montrer le meilleur de vous-même et faire preuve de confiance en vous. C'est tout simplement impossible.

Vous délester de vos peurs vous rend plus attentifs aux événements agréables de la vie. Et vous aide tout de suite à vous sentir mieux. Plus vous serez calme, serein(e), plus vous pourrez développer ce sentiment de confiance.

Pourquoi avons-nous peur ?

La peur est une réaction courante face à l'inconnu. Elle permet d'une part de nous protéger en déclenchant une réaction biologique qui face à une situation d'alarme qui nous permet de réagir rapidement. Elle nous prépare également à anticiper et à se préparer aux aléas de la vie.

La peur peut s'exprimer par divers états émotionnels comme l'inquiétude, l'anxiété, la terreur, l'horreur, la panique et la crainte.

Les effets du ressentiment de peur

Cet état de doute et d'incertitude constant nous empêche de déployer une confiance bienfaisante face aux aléas de la vie. Nous arborons ainsi des attitudes de protection, de repli, de contrôle, pour combler nos supposées insuffisances et ainsi créer une illusoire armure de protection.

L'insécurité intérieure est accompagnée de pensées défaitistes et négatives, et finit par consumer tous nos domaines de vie.

Nous ressentons une anxiété au sujet des objectifs à atteindre, de nos capacités à les mettre en œuvre. Ce qui nous épuise et dissipe notre confiance en nous.

Notre manque d'assurance et nos doutes finissent par envenimer notre relation aux autres. Nous craignons les critiques, les jugements qui viendraient fragiliser encore plus notre for intérieur. Pour ne pas subir davantage d'auto-dépréciation, soit nous adoptons une attitude défensive, soit nous nous isolons de plus en plus.

Nous sentant insuffisant, nous recherchons l'approbation des autres, afin de nous sentir valorisé(e)s. Nous adaptons notre comportement, nous nous montrons minutieux, voire perfectionnistes pour recevoir des éloges, des compliments. Malheureusement, ce comportement affaiblit davantage notre manque d'estime de soi.

Comment surmonter ses peurs ?

Notre cerveau a un objectif : assurer notre survie. C'est pour cette raison que nous prêtons davantage attention aux dangers éventuels qu'aux menus plaisirs de la vie. Nous souhaitons maitriser et contrôler notre existence, notre avenir afin de nous protéger. Mais en ce faisant, nous entretenons des pensées d'inquiétude, et certaines fois de frayeur qui se matérialisent corporellement *via* des tensions, voire des maladies. Surtout qu'il est impossible de tout maîtriser, nous l'avons bien mesuré avec la période terrible de Covid.

Savez-vous que 8 % de nos peurs seraient réelles ? Cela sous-entend que nous créons par nos pensées et donc notre imagination 92 % de nos craintes.

Pour écarter vos peurs, il y a deux axes. D'une part, et comme abordé dans le premier chapitre, prêtez attention à vos pensées de doute, de crainte. Elles sont la plupart du temps erronées, déformées par vos perceptions personnelles. Vous savez maintenant que vous avez la faculté de les substituer par des pensées plus apaisantes. Ne relâchez jamais cet entrainement qui peut, à lui seul, changer votre vie.

Par ailleurs, en vous appuyant sur la respiration et des techniques de sophrologie, vous revenez à un état physiologique stable et calme qui va vous permettre de reprendre le pouvoir sur vos émotions de peurs. Je vous invite donc à réaliser le plus souvent possible les exercices proposés dans « La boite à outils sophro ».

Pour arriver à évacuer vos peurs, je vous invite à reconditionner patiemment votre cerveau avec de nouvelles habitudes. Voici quelques pistes.

Exprimer ses peurs

La peur est souvent mal perçue. Nous la camouflons dès notre plus jeune âge pour répondre aux injonctions parentales : « *Tu as peur ?* » « *Un peu de courage, voyons !* »... « *Sois fort (e)* ».

Or, parler de ses peurs permet de les dédramatiser. Exprimer ses peurs aide à sortir de ce monologue où nous entretenons des pensées de plus en plus angoissantes et de se rendre compte que nos appréhensions sont la majorité du temps infondées. Cela évite ainsi de cristalliser ses frayeurs, car, comme indiquait Jung : « *Ce qui ne se verbalise pas finit par revenir comme un destin.* ».

Ainsi, si des peurs vous inhibent, n'hésitez pas à vous confier à une personne bienveillante, cela vous aidera à les dépasser.

Une autre façon d'y parvenir est de tenir un journal d'écriture. L'écriture permet de clarifier vos pensées, d'amener à une meilleure compréhension de votre récit intérieur. En mettant en lumière ce dernier, les blocages et freins prennent moins d'ampleur, vous permettant une prise de recul salutaire. Comment procéder ? Isolez-vous et écrivez de façon spontanée, sans vous soucier du style, sans jugement. Ecrivez régulièrement (tous les jours si possible).

Acceptez ses peurs

Essayez d'écarter vos peurs ne fera que les renforcer ! Le plus gros du travail va donc être d'accueillir votre état émotionnel. Cette prise de conscience va vous amener à vous apercevoir que vos pensées de crainte ne sont finalement que des pensées. Et comme toutes les pensées, elles ne reflètent pas la réalité, mais une version négative décuplée et déformée de la réalité.

Je vous propose cet exercice de sophro pour accueillir vos peurs :

Vous êtes assis(e) sur une chaise, les mains posées sur vos cuisses. Vous prenez quelques grandes respirations pour revenir à l'instant présent et aux sensations de votre corps.

Et puis, vous allez observer ce qui se passe en vous. Où se situe l'émotion ? Comment se manifeste cette dernière (est-ce que c'est une sensation d'oppression, de tension, avez-vous des douleurs ?) Quelle place prennent les sensations ? Est-ce que des pensées particulières sont associées à cette émotion ? Essayez de définir cette émotion avec vos cinq sens : si cette émotion était un objet, quel serait-il ? Quelle couleur ? Quelle forme ? Quel volume ? S'il émettait un son, qu'entendrez-vous ? Cette émotion a-t-elle une odeur ?

Ce processus d'approche des ressentis physiques va permettre d'atténuer les perceptions de peur.

S'ancrer pour vaincre ses peurs

Pour vous apaiser, reprenez les commandes de vos pensées en revenant à l'instant présent, mais aussi en vous déchargeant des ruminations et inquiétudes grâce à un exercice d'ancrage.

L'ancrage est la capacité à rester bien présent dans son corps et à s'y sentir en sécurité en toutes circonstances. L'ancrage va vous permettre, de prendre de la distance sur vos inquiétudes, de vous concentrer et retrouver votre calme sans une situation stressante et ainsi vous déconnecter de vos peurs.

Pour vous ancrer, laissez-vous guider par cet enregistrement audio ou appliquez les consignes ci-après :

Positionnez-vous debout, les yeux fermés.

Prenez le temps d'effectuer quelques profondes respirations.

Concentrez-vous sur la plante de vos pieds. Imaginez que des racines partent de vos pieds, comme les racines d'un arbre. Elles s'enfoncent dans le sol. Elles s'étendent et deviennent de plus en plus grosses, de plus en plus profondes.

Quand vous êtes bien ancré(e), vous sentez vos pieds bien présents sur le sol et peut-être sentirez-vous l'énergie de la terre.

Je vous propose de faire une grande inspiration en faisant remonter l'énergie de la Terre en vous. Laissez venir à vous tous les nutriments de la terre récupérés par vos racines, toute cette énergie nourricière fournie par la terre. Laissez cette énergie remonter doucement dans la plante de vos pieds, vos chevilles, vos mollets, ainsi de suite jusqu'à votre tête.

Puis ouvrez les yeux doucement et reprenez normalement vos activités.

La boite à outils sophro

La respiration pour libérer ses peurs

La respiration joue un rôle emportant sur nos sensations de peur. En effet, lorsque nous éprouvons de l'inquiétude, notre cerveau se met en alerte et se prépare à réagir, à combattre, même lorsqu'il s'agit d'une peur imaginaire. Notre souffle se fait plus court, notre respiration est accélérée. Travailler sur le souffle est une arme redoutable pour nous libérer des émotions, et donc pour s'affranchir de ses peurs.

Mettez-vous debout, les pieds écartés de la largeur du bassin, les bras le long du corps, les yeux fermés. Commencez par vous détendre en prenant trois grandes respirations. Puis, positionnez une main sur votre ventre et l'autre en bas de votre dos. Inspirez par le nez tout en gonflant votre ventre. Sentez votre main repousser votre ventre. Imaginez- vous, vous remplir de calme.

- Vous expirez lentement par la bouche (comme dans une paille) en visualisant l'expulsion de toutes les peurs. Vous pouvez vous représenter l'air que vous expirez sous forme d'une fumée noire.
- Reprenez une respiration naturelle, détendez vos bras le long du corps.
- Sentez le relâchement de votre abdomen.

Désactivez vos peurs

L'émotion de peur empêche d'avoir confiance en soi mais aussi en l'avenir. Cette émotion prend sa source dans une alarme mentale qu'il est crucial de désactiver. Pratiquez cet exercice pour expulser cette émotion :

Imaginez un feu rouge, inspirez profondément par le nez, puis bloquez votre respiration.

- Contractez tous vos muscles de la tête au pied (votre visage, vos poings, tout l'ensemble de votre corps est contracté).
- Soufflez et relâchez-vous en imaginant que vous évacuez les tensions sous forme de vapeur.

Répétez l'exercice trois fois. Ensuite, visualisez le feu qui passe au vert.

INSTAUREZ UN ÉTAT POSITIF

"Le pessimiste voit dans chaque opportunité une difficulté. L'optimiste voit dans chaque difficulté une opportunité "
Winston Churchill

La vie est un ensemble de satisfactions, de joies mais aussi de contraintes, et de tracas. Et ces derniers ont plus aisément tendance à nous accaparer. Nous laissons ainsi nos préoccupations nous envahir, nous ruminons, nous ressassons. Si toutefois, dans les situations difficiles, douter et avoir peur nous rend plus vigilants et nous écarte du danger, cultiver un état d'esprit optimiste est essentiel pour surmonter les périodes complexes avec plus de facilité, et avancer avec sérénité et confiance.

Se concentrer sur le positif, une passerelle vers le bien-être ?

Notre cerveau a la fâcheuse tendance à se focaliser sur le négatif, ceci dans un but louable : nous permettre de tirer des enseignements des situations dangereuses auxquelles nous sommes confrontés et favoriser notre pérennité.

L'optimisme évoque un état d'esprit qui consiste à se montrer résolument positif. Ce n'est pas une façon détournée de nier la réalité, mais une attitude mentale qui favorise la confiance et permet d'envisager un scénario favorable face aux circonstances. En écartant le stress, l'anxiété engendrés par la situation, opter pour une vision positive permet de faire preuve de créativité, de performance, d'adaptabilité en privilégiant des actions constructives. Nous cultivons et entretenons ainsi notre aisance car nous avons confiance en notre capacité à faire face.

Être optimiste rend ainsi les expériences du quotidien plus agréables et permet d'aborder la vie avec plus d'entrain, de motivation, ce qui génère de multiples bénéfices sur la santé physique et psychique.

La boite à outils sophro

Voici deux exercices pour vous remplir de positif

Commencez votre journée en vous remplissant de positif.

Debout, le dos droit, les yeux fermés, posez les mains sur vos côtes. Gonflez la poitrine en inspirant profondément par le nez. Imaginez inspirer la vitalité, la confiance en vous et soufflez doucement par la bouche pour les diffuser dans tout votre corps.

Répétez cet enchainement 3 fois.

Le SAS de fin de journée

Les petites mémoires qui nous libèrent : notre cerveau retient essentiellement ce qui nous a ennuyé, perturbé dans la journée. Or nous avons tous eu des petits moments de bonheur simple (le sourire d'un collègue, un repas succulent…). Retrouvez tous les petits plaisirs de la journée en les associant à des ressentis corporels afin de les mettre en mémoire et de développer votre bibliothèque d'images positives.

Si vous appliquez ce rituel tous les jours, vous serez à l'affût lors de vos journées de ces petits moments de plaisir, et cela va changer la configuration de vos journées.

Utilisez le pouvoir de la visualisation pour entretenir un état d'esprit positif

Ah, la promesse d'un renouveau où tout semble possible, des rêves en émulsion et les poches pleines d'envies : pratiquer un sport, prendre du temps pour soi, se coucher tôt, perdre quelques kilos... La confiance en soi peut vous donner des ailes ! Mais si vous avez régulièrement abandonné vos bonnes intentions, vous êtes probablement face aux doutes. Pour éviter les écueils et concrétiser vos objectifs, vos aspirations, et maintenir un état d'esprit positif, je vous invite à utiliser la puissance de votre cerveau.

Comment ? En utilisant la visualisation mentale. Cette technique est bien maîtrisée par les sportifs ou les pilotes de la patrouille de France pour se préparer aux compétitions. Elle se base sur cette particularité de notre cerveau qui ignore la différence entre ce qui est imaginaire et ce qui est réel. En effet, quand votre cerveau se représente mentalement une situation, il active les mêmes chemins neuronaux que lorsqu'il vit réellement l'événement.

Nous pouvons ainsi utiliser les ressources de l'imagination pour calibrer, clarifier, orienter, se projeter et préparer favorablement notre futur. La visualisation mentale permet d'activer des puissants leviers pour faire face aux doutes, aux démotivations, à la déficience d'estime de soi etc. Elle permet également d'améliorer nos performances, notre bien-être, notre plein potentiel et nous amener sur le chemin de la réalisation de nos objectifs.

Comment pratiquer la visualisation mentale ?

Première étape : définissez ce qui vous tient à cœur

Choisissez un objectif, un événement, qui nécessite tout votre aplomb. Par exemple : « *Je veux lors de la prochaine réunion oser prendre la parole pour porter mon projet devant toute l'équipe.* ».

Deuxième étape : pratiquez régulièrement la visualisation

En visualisant votre accomplissement, vous allez créer les conditions optimales pour cheminer vers la réalisation de votre rêve. Mais visualiser ne signifie pas obligatoirement voir une image mentale. Car nous percevons le monde grâce à nos cinq sens : la vue, l'ouïe, le goût, le toucher et l'odorat. Vous allez donc vous plonger dans l'événement en mobilisant ces sens.

- Installez-vous confortablement dans un lieu calme. Fermez vos yeux. Prenez un instant pour ressentir votre corps, les points d'appui de votre corps sur le support, et relâcher les tensions. Respirez profondément afin d'oxygéner votre cerveau et vous relaxer.

- Visualisez-vous le jour où vous allez atteindre votre objectif. Mettez en scène le film mental de façon réaliste et plausible, comme si vous le viviez réellement. Quel est le contexte ? Est-ce que vous êtes entouré(e) ? Comment êtes-vous habillé(e) ? Quelle est votre posture ?

Visualisez cette scène avec tous vos sens. Quelles sont vos perceptions physiques ? Est-ce que vous entendez des sons en particulier, des voix ? Comment bougez-vous ? Que voyez-vous ? Que dites-vous ? Quelles sont vos émotions ? Peut-être de la reconnaissance, de la joie, de la fierté, un sentiment de triomphe ? Déployez-vous une énergie positive liée à cette réussite ? Comment la mesurez-vous ? Ressentez cette réussite de l'intérieur.

- Pour un impact majeur, pour ancrer et fixer ces ressentis de réussite, renouvelez l'expérience, répétez-la maintes et maintes fois.

APPRENEZ À MAITRISER VOS ÉMOTIONS

Il est certain que de cheminer le pas mal assuré, fragilisé par les ressentiments, les angoisses, ébranlé par les peurs est le plus grand obstacle à tout épanouissement, le pire ennemi de toute concrétisation.

Gérer le stress, une tristesse passagère, ne pas s'énerver, s'emporter et faire preuve de confiance en soi… La vie quotidienne demande beaucoup d'adaptation et certaines de nos émotions suscitées par notre environnement sont parfois difficiles à gérer au quotidien. Pour garder le cap, entretenir la confiance en soi et en l'avenir, il est important de gérer ses émotions.

En effet, certaines émotions nous paralysent lorsque nous devons nous exprimer en public, nous mettent des bâtons dans les roues quand nous désirons renforcer une relation, elles altèrent nos pensées lorsqu'on se retrouve en difficulté… Bref, **une mauvaise gestion des émotions peut devenir un véritable handicap dans notre vie, et même nous la gâcher.**

D'abord, qu'est-ce qu'une émotion ?

Les émotions sont un langage qui s'exprime par une réaction psychologique et physique. Elles traduisent souvent plus que ce que les mots ne pourraient transmettre. Elles représentent notre boite à outils de survie car elles nous permettent de réagir face aux situations qui nous mettent en danger, nous attristent ou nous menacent.

Dans des conditions difficiles, comment retrouver confiance ?

C'est lorsque nous faisons face à une houle émotionnelle, et sommes débordé(e)s par des déferlantes d'humeurs que nous cherchons des solutions pour surfer sur la vague des émotions.

Et il existe des solutions pour apprendre à mieux gérer nos émotions. Et ainsi faire face au stress, à la colère ou encore à la tristesse. L'idée est de tourner son attention vers soi, entrer en contact avec ses émotions, comprendre ce qui les déclenche. Nous allons ainsi ressentir où elles se manifestent dans le corps et les vivre en conscience au lieu de les tenir à distance. Car vivre pleinement ce qu'on ressent va permettre de reprendre le pouvoir et réguler ses émotions afin de trouver son équilibre émotionnel. Dans un état émotionnel stable, nous retrouvons notre plein potentiel, véritable pilier de la confiance en soi.

La sophrologie pour tempérer ses émotions

La sophrologie propose une approche psycho corporelle avec des exercices qui vont apaiser les manifestations physiques déclenchées par l'émotion, comme la transpiration, palpitations, tremblements, raideur du corps, souffle coupé, sueurs froides…

Par ailleurs, grâce à des exercices de respiration contrôlée, de détente musculaire, la sophrologie va aider notre mental à s'apaiser à travers notre corps et vice-versa.

Plus impactant encore : en sollicitant la visualisation positive comme abordée précédemment, la sophrologie agit naturellement sur nos émotions et peut ainsi favoriser l'émergence d'émotions positives pour nous aider à traverser certaines épreuves plus sereinement.

La boite à outils sophro

Découvrez trois exercices de sophrologie de quelques minutes, faciles à effectuer, quels que soient le lieu et le moment, pour rapidement retrouver le bien-être.

Ces exercices peuvent s'effectuer assis ou debout et mieux vaut s'isoler dans un endroit calme où personne ne vous dérange. Vous pouvez lire le texte plusieurs fois avant de commencer, puis fermer les yeux pour pratiquer.

Chaque exercice de sophrologie commence par un temps de relaxation : on s'installe confortablement (en position assise ou allongée), on ferme les yeux et on se concentre progressivement sur les différentes parties de notre corps, dont on prend conscience – le visage et la tête, le haut du corps jusqu'au bout des doigts, le thorax et le dos, le ventre et le bas du corps jusqu'aux orteils.

Evacuer la colère

Face à une injustice, une incivilité, au travail, sur la route, ou confronté à une situation où vous avez perdu vos moyens… Vous avez tendance à bouillir de l'intérieur ou à laisser jaillir des réactions d'emportement, quelques fois préjudiciables ? Voici un exercice qui va vous permettre d'apprivoiser votre colère :

- ➢ Assis(e), le dos droit, les jambes écartées, les pieds bien ancrés au sol, vos mains sur vos genoux, vous fermez les yeux.
- ➢ Inspirez par le nez et bloquez votre respiration.
- ➢ Faites plusieurs fois ce mouvement : penchez votre tête vers l'avant puis vers l'arrière tout en douceur et lentement. Focalisez-vous sans effort sur les sensations ressenties pendant le mouvement.
- ➢ Expirez l'air par la bouche. Votre tête est en position normale.

Renouvelez l'exercice deux fois de plus.

Chasser la tristesse

Face à un rejet, un échec, une déception, la mélancolie vous submerge ? Cet exercice va vous permettre d'évacuer un coup de cafard et vous permettre de retrouver de la légèreté.

Assis(e), le dos droit, les jambes écartées, vos mains sur vos genoux, vous fermez les yeux.

Visualisez ce qui vous attriste. Listez sans vous attarder les circonstances, les événements à l'origine de cette tristesse.

➤ Levez les bras à l'horizontale, les mains ouvertes en inspirant par le nez.

➤ Bloquez votre respiration.

➤ Agitez les mains de gauche à droite et de droite à gauche (identique au mouvement des essuie-glaces). Imaginez effacer votre tristesse.

➤ Revenez en position initiale en soufflant par la bouche.

Renouvelez cet enchainement deux autres fois en vous focalisant sur les résidus de pensées négatives.

Quand l'angoisse vous paralyse

Vous pouvez apaiser une crise d'anxiété très rapidement en vous focalisant sur votre respiration. Cet exercice va vous permettre de calmer votre esprit et libérer la tension.

Debout, le dos droit, les yeux fermés

Enchaînement à faire trois fois les mains ouvertes et trois fois les mains fermées

- ➢ Levez les bras à l'horizontal en inspirant par le nez.

- ➢ Retenez votre respiration quelques instants.

- ➢ Amenez doucement les mains ouvertes vers le thorax en contractant légèrement l'ensemble épaules-bras. Vous imaginez ramener à vous le calme.

- ➢ Terminez par les mains touchant le thorax, et visualisez le calme se répandre dans tout votre corps.

- ➢ Relâchez doucement en soupirant par la bouche.

- ➢ Reprenez une respiration naturelle, vos bras le long de votre corps.

DEPLOYEZ VOS RESSOURCES, VOTRE PUISSANCE

Quand on est en pleine possession de ses capacités, on sent palpiter au fond de soi ses forces, son pouvoir, on se sent sûre de soi, plein d'enthousiasme et de vitalité. Rien ne nous arrête.

Vous avez un entretien d'embauche ou un projet personnel ou professionnel vous demandant une attention et un engagement mobilisant toutes vos habilités ?

Ou vous souhaitez tout simplement vous sentir plus à l'aise, limiter votre charge émotionnelle, vous sentir efficace, plein(e) d'énergie et bien sure confiant(e) ?

Cette sensation de puissance est une perception physique, on ressent en effet un engouement, une énergie ainsi que des émotions favorables comme la joie, la satisfaction, la motivation.

C'est aussi une perception mentale car la vision que l'on a de nos habilités, nos capacités (comme la capacité à s'organiser, gérer les situations de la vie quotidienne, la prétention à dépasser les difficultés) va déterminer la manière dont on se voit, l'image que l'on se fait de soi, et *in fine* renforcer notre pouvoir ou le décliner.

Pour accroître ses performances, son pouvoir, il est donc important d'améliorer sa condition physique, sa vitalité, mais aussi de porter attention particulière aux pensées que l'on entretient qui vont soit booster nos capacités, soit amoindrir notre sensation de confort. Vous aurez remarqué que le travail sur vos pensées revient régulièrement, il est en effet capital si vous souhaitez changer !

Et pas besoin de médicaments pour augmenter nos capacités et performance. Il est possible de les booster naturellement. Voici quelques pistes.

On booste ses fonctions cognitives avec une alimentation riche en oméga 3

Le cerveau a besoin qu'on le nourrisse correctement si on souhaite préserver sa santé mentale : les personnes qui s'adonnent à la malbouffe souffrent rapidement de troubles d'humeur, dépression, de perte de concentration, etc.

Les aliments qui améliorent la mémoire et les performances cognitives sont ceux qui sont riches en oméga-3.

On privilégie donc les noix, les graines de chia, l'huile de colza, la mâche, les œufs et les crevettes les poissons gras comme le saumon.

La musique

Le plaisir apporté lors de l'écoute de nos mélodies préférées permet de libérer de la dopamine.

La dopamine est l'hormone de la réussite, de la motivation, du plaisir immédiat. Un vrai coup de boost naturel pour vous donner de l'entrain ! A consommer sans modération...

Faites le point sur vos réussites

Faites une auto-évaluation de vos succès. Nous entretenons tous des croyances sur votre efficacité personnelle et notre estime de nous-même. Elles sont si profondément ancrées, que nous n'y prêtons plus attention. Mais la plupart de nos convictions et croyances sont déformées et nous empêchent de voir tout ce que nous avons déjà accompli. Or, s'appuyer sur nos points forts est fondamental pour avoir confiance en soi et donc se dépasser, prendre des risques et ainsi augmenter progressivement sa zone d'assurance.

Pour établir la liste de vos réussites, et donc de vos capacités et habilités, l'aide d'une personne tierce peut être très précieuse. Celle-ci pourra vous détailler d'une manière plus objective vos petites victoires.

En vous reposant alors sur les preuves des qualités que vous avez déployées pour accomplir et mettre en œuvre vos réalisations, il vous sera plus facile d'avancer sereinement.

Entrainer sa pleine conscience

C'est grâce au pouvoir de l'instant présent que nous avons conscience de ce qui se passe en nous et dans notre environnement. La pleine conscience aide à se recentrer, améliore sa capacité d'attention et permet de faire face au stress, à l'anxiété. Sans le filtre du stress, nous retrouvons nos pleines capacités, nous affinons notre discipline mentale et sommes donc plus efficaces.

La pleine conscience peut se pratiquer en revenant à sa respiration, en portant simplement attention sur chaque instant, en méditant, en pratiquant le yoga, etc.

Un exemple simple à mettre en application pour pratiquer la pleine conscience : manger en mobilisant tous vos sens. La vue, l'odorat, le goût et le toucher. Prenez le temps de regarder, de humer puis de déguster doucement votre repas. Le plus simple est de poser après chaque bouchée votre fourchette (sinon, vos sens sont focalisés sur la prochaine bouchée et non ce que vous avez en bouche). Mastiquez lentement en savourant votre nourriture… Ce petit exercice vous permettra de détourner votre attention des ruminations et faire un break mental.

La boite à outils sophro

Vous pouvez augmenter votre sensation de puissance en respirant !

Voici une respiration dynamisante :

Bouchez la narine droite et respirez entre 10 et 15 fois profondément avec la narine gauche.

Bouchez ensuite l'autre narine et respirez tout aussi profondément avec la narine droite.

Respirez une dizaine de fois avec les deux narines (en gonflant bien votre ventre).

Exercice pour ancrer son pouvoir, sa puissance

Enchainement à faire trois fois (une fois avec la main droite, une fois la main gauche et le troisième enchainement se fait avec les deux mains) :

- ➢ Levez le bras droit l'horizontal, la main fermée et le pouce tendu vers le ciel en inspirant par le nez.
- ➢ Fixez le regard sur le pouce. Bloquez votre respiration (apnée pleine).
- ➢ Amenez doucement le pouce sur l'espace entre les sourcils (sinus ethnoidale).
- ➢ Fermez les yeux lorsque la vue se trouble.
- ➢ Lorsque le pouce touche l'entre deux sourcils, imaginez ancrer en vous la confiance, l'assurance.
- ➢ Relâcher le bras le long du corps en soufflant par la bouche.

DEVELOPPEZ UNE IMAGE DE VOUS SAINE ET SEREINE

« Vous-même, autant que quiconque dans l'univers entier, méritez votre amour et votre affection.," Bouddha

Apprendre à s'aimer

Quand on parle de l'amour de soi, soit l'on pense que cela fait un peu « guimauve », voire prétentieux, soit on relègue cette notion à une espérance veine. Mais, comme le disait Rûmî, **« *Si vous voulez être plus vivant, l'amour est la santé la plus vraie.* »**

S'aimer soi-même, c'est s'aimer inconditionnellement en ayant une conscience objective de ses failles et défauts. S'aimer soi-même, c'est l'acceptation de qui l'on est, malgré ses imperfections, ses limites et sa part d'ombre.

Apprendre à s'aimer demande de la patience et de l'entraînement, mais nous ouvre les portes de la paix intérieure, du bonheur, de la plénitude.

Pourquoi est-ce important ?

La réponse la plus incontestable est : **pour se sentir plus heureux(se), plus épanoui(e).** Mais aussi **:**

En ayant une appréciation positive de qui l'on est, **on expérimente la sécurité** que cela soit au niveau physique, relationnel, professionnel, etc. Cela nous permet d'être plus optimiste et de nous ouvrir à des changements significatifs dans notre vie.

S'aimer davantage offre un **meilleur équilibre émotionnel et affectif**, et par conséquent des relations plus harmonieuses avec les autres. Nous pouvons ainsi être plus authentiques et exprimer nos pensées ou nos opinions sans peur du jugement ou du rejet.

Nous ne recherchons plus l'approbation, la validation des autres. Cela peut être une excellente manière de nous réconcilier avec nos besoins et de redonner ainsi la priorité à nos aspirations, nos rêves.

En arrêtant de nous fustiger, de ruminer, nous éliminons les discours internes critiques, réprobateurs, culpabilisants. **Nous allégeons ainsi notre charge mentale et le stress ou l'anxiété** qui en découlent.

Ce que l'amour de soi n'est pas

S'aimer soi-même n'est ni égoïste, ni arrogant, ni prétentieux.

L'amour de soi n'est pas non plus ce besoin de se sentir supérieur, avec une légère attitude désobligeante pour autrui. Il s'agit plutôt d'aller vers une connaissance et acceptation bienveillance et sans jugement de ce que l'on est réellement.

Enfin, s'aimer soi-même, ce n'est pas se couper des autres en se mettant sur un piédestal. C'est au contraire être attentif aux autres, à leurs besoins, avec cette capacité à s'adapter, se relier, mais sans toutefois s'oublier.

Apprendre à s'aimer soi-même pour aimer les autres

L'amour de soi est un prérequis à l'amour de l'autre. Cette notion charpente notre attitude, notre posture et, à travers eux, notre rapport plus harmonieux et équilibré aux autres.

Sans estime de soi, nous recherchons dans l'autre une réponse à nos besoins, nos failles. Et cela va engendrer des conflits, des pressions, des insatisfactions car aucune personne au monde n'a le pouvoir de combler nos manques.

Par ailleurs, et c'est important : nous n'autorisons que l'amour que nous pensons mériter !

Comment reconstruire l'amour de soi ?

Développer l'amour propre si essentiel à notre bien-être s'apprend. Et il n'est jamais trop tard. Il faut du temps. Il ne suffit pas de s'accorder quelques menus plaisirs. En effet, cela demande une introspection profonde, une réflexion sur nos schémas de fonctionnement. Cela requiert également engagement, implication et persévérance. Mais aussi beaucoup de bienveillance et d'indulgence.

Voici quelques conseils que vous pouvez appliquer dès aujourd'hui.

Se concentrer sur nos points forts plutôt que sur nos faiblesses

Nous avons appris dès notre enfance à travailler sur nos faiblesses, pour les combler, pour les bonifier, voire pour les transformer en forces. Nous concentrons ainsi notre temps et notre énergie sur nos échecs, nos manques à essayer de perfectionner ces insuffisances. Ainsi, nous nous comparons, nous nous dévalorisons, nous portons atteinte à notre estime.

Pour nous accomplir, nous réaliser, utilisons plutôt nos ressources. Cela sera plus facile, plus naturel. Développer nos talents, nos forces ouvre le chemin de l'authenticité. De plus, en réalisant que nous avons du potentiel, nous gagnerons en motivation et confiance en soi.

Se soutenir, se féliciter

Croyez en vous et notez vos succès. Nous minimisons nos réussites. Pourtant, c'est grâce à elles que nous pouvons accroître notre sentiment de confiance et d'amour de soi. Alors, célébrons nos petites ou grandes victoires afin de renforcer votre confiance : un cadeau, un temps pour soi, un restaurant... Une vraie récompense pour immortaliser et ancrer ses réussites.

Surmonter ses complexes

Les complexes ruissellent sur notre estime de soi et viennent parfois éroder l'image que nous nous faisons de nous, nous gâchant la vie.

Et les complexes touchent tout le monde, car c'est le propre de l'homme d'essayer de se valoriser en affichant une image la plus parfaite possible. Notre apparence est alors regardée à la loupe, on se compare, on manque d'indulgence. Néanmoins, personne n'a jamais atteint quelconque perfection et cette course à l'image idéale de soi est vaine ! Ce qui particularise les personnes qui acceptent leur apparence et celles qui sont obnubilées par leurs défauts est une bonne estime de soi. Qui peut, si elle est défaillante, engendrer de l'anxiété, des troubles du comportement (compulsions alimentaires, achats compulsifs, etc.).

Pourquoi l'image de soi est importante ?

L'image de soi représente la façon dont nous percevons notre personnalité, notre apparence physique. L'apparence est essentielle, car c'est à travers elle que nous communiquons, que nous interagissons avec le monde. Elle est un excellent révélateur de notre confiance en nous, ainsi que la valeur que nous nous accordons. Elle délivre des messages, même si nous n'en avons pas conscience. Ainsi, 90 % de notre communication passe par le non verbal (le ton de notre voix, notre posture, notre regard, etc.). Dans toute relation, nous sommes scruté(e)s, analysé(e)s et enfin catégorisé(e)s sur notre apparence physique, et cela dès les premières secondes. Notre image ne sera jamais insignifiante, elle peut donc être vectrice de relations constructives ou détériorer notre rapport aux autres.

Les symptômes les plus courants d'une mauvaise d'image de soi

On a tous un rapport à soi différent, mais il est évident que de se focaliser sur ses défauts ne nous permet pas d'évoluer vers le bien-être et la joie de vivre. A passer son temps à se dévaloriser, se comparer, notre apparence devient une obsession. Cette frénésie à la perfection peut dans les formes les plus sévères conduire à un isolement, un sentiment de solitude. A succomber aux diktats d'une apparence sans faille, on se dévalorise et on perd ses repères de ce qui est bon pour nous, avec en sourdine, une crainte de ne jamais être à la hauteur. On se sent nul(le), on ne parvient pas à s'affirmer, on angoisse.

Comment pacifier l'image de soi

L'image de soi peut être un levier d'épanouissement, alors comment apaiser le regard critique que l'on se porte pour mieux vivre son image ?

Soignez votre apparence

Cela aura un effet positif sur votre mental. Quand on change de look, on change son comportement. Travailler son image stimule votre estime et booste votre confiance en soi.

Prêtez attention à votre posture

La posture peut être un vrai coup de pouce pour augmenter votre assurance. Vous en doutez ? Je vous invite alors à réaliser ce petit exercice. D'abord, regardez quelle est votre posture, sans vous juger, juste en vous observant. Est-ce que vous avez le dos un peu courbé, les épaules tombantes, la tête vers le bas ? Si tel est le cas, il a fort à parier que vous ne vous sentez pas très confiant (toujours aucun jugement, on est juste dans les ressentis).

Maintenant, tenez-vous droit, la tête dans le prolongement de votre colonne vertébrale, le regard droit.

Respirez profondément et calmement. Imaginez que vous inspirez la confiance, la force. Comment vous sentez vous maintenant ?

Sortez du cadre !

Le cadre, c'est vous qui le définissez ! Et comme on ne peut pas plaire à tout le monde, si l'on souhaite évoluer dans la vie sereinement, en faisant fi des injonctions imposées par notre environnement, bien se connaître est essentiel.

L'art du travail sur l'image de soi réside dans l'équilibre entre ce que nous sommes, la personne que nous aimerions être et les attentes de notre entourage. Ainsi, lorsque nous sommes aligné(e)s avec nos besoins et nos envies, nous installons une conciliation apaisée entre nos pensées, nos émotions et nos attitudes.

Nous évitons ainsi de nous laisser embarquer dans des bavardages dépréciateurs, dans des comparaisons inutiles, des réactions disproportionnées. Nous n'avons plus à chercher l'approbation des autres, nous n'avons plus à adapter notre comportement pour recevoir un peu d'amour. Nous retrouvons le chemin de la liberté, car nous sommes les mieux placé(e)s pour connaître quelle personne nous avons envie d'être, sans filtre et en toute liberté.

Vivez pleinement !

Chaque jour est un jour opportun pour prendre soin de soi. On multiplie les petits bonheurs, les occasions de marcher, de chanter, de sourire. S'accorder du temps, c'est s'accorder de l'importance ! Et plus on est dans la joie, dans la vie, plus on s'aime ! Car s'aimer, c'est aussi lâcher prise, se laisser guider par ses envies, ses besoins, se laisser ressentir, être pleinement connecté(e) à soi et à ses sensations !

La visualisation positive

Le cerveau ne fait pas la différence entre la réalité et la fiction. Vous imaginez déambuler avec aisance et assurance dans les rues de votre ville, votre cerveau va ancrer votre assurance. Vous pouvez ainsi reprogrammer votre cerveau en lui soumettant une belle image de vous, car il va la percevoir comme telle ! Cela va impacter favorablement votre vie.

Gratitude envers ce corps et ses qualités

Notre corps, ce merveilleux corps. Cette fabuleuse machine complexe, communicante, intelligente ; ses pouvoirs extraordinaires qui nous permettent de respirer, aimer, vibrer, chanter, danser. Nous le malmenons, nous le critiquons. Mais, malgré la fatigue, la maladie, il est toujours là pour nous. Nous ne sommes pas qu'une enveloppe corporelle, nous sommes énergie, chaleur, nous sommes une interface sensorielle, nous sommes émotions, évolution. Cette vision globale de notre être, et cette gratitude pour tous les biens faits que nous octroie notre corps, nous permet de nous éloigner de ce qui nous fait défaut, car nous ne sommes pas qu'une apparence.

Apprenez à rayonner !

Nous connaissons tous des personnes qui rayonnent par leur sourire, leur présence. Leur joie, leur authenticité débordent.

Rayonner, c'est briller d'une belle énergie, d'un optimisme réconfortant, d'une présence chaleureuse, rassurante. Et c'est également le teint éclatant lumineux, une belle énergie, une ouverture aux autres.

Vous souhaitez devenir une personne solaire, irradier ? Alors, combattez votre stress ! Eh oui, si l'impact du stress sur notre santé n'a échappé à personne, on a rarement conscience que le stress nous enlaidit... Et si l'impact du stress sur la beauté peut sembler dérisoire comparé à de nombreux effets secondaires du stress, cela renforce toutefois les troubles émotionnels. Voici donc cinq effets indésirables du stress sur notre apparence physique : cela fait cinq bonnes raisons d'être aux petits soins pour notre corps et notre mental !

Le stress est un ennemi beauté, il se lit sur notre visage

Les taux élevés de stress libèrent dans le corps de nombreuses hormones. Chacune entraîne des réactions en chaîne dans l'organisme, mais aussi dans l'épiderme. Apparaissent ainsi des désagréments bénins mais inconfortables comme des boutons, une inflammation, des cernes ou poches sous les yeux, de la sécheresse, une perte d'éclat ou des rougeurs et plaques.

Le cortisol altère également la barrière cutanée. Notre peau, plus fragile, se défend plus difficilement face aux radicaux libres. Ainsi, le vieillissement cutané s'accélère, les rides se forment, avec l'apparition possible de taches pigmentaires.

Cheveux et ongles subissent également notre stress

Comme notre peau, nos ongles et nos cheveux reflètent en partie notre état émotionnel.

Chute, fragilité, racines grasses, pellicules, ongles cassants... l'anxiété, le stress peut en effet s'extérioriser de différentes manières.

Par ailleurs, et pour certaines personnes anxieuses et stressées, se ronger les ongles peut apporter un certain réconfort. Les mains sont alors les premières proies à cette échappatoire...

Quand le stress plombe notre posture et notre assurance

Notre langage corporel en dit beaucoup sur notre équilibre émotionnel, d'ailleurs, on dit souvent que la beauté vient de l'intérieur ! Or, le stress a des effets sournois sur notre corps, induisant des tensions, des douleurs physiques, de la fatigue, des maladies. Lorsque nous nous sentons surmené(e)s, irritables, anxieux(ses), nous adaptons une posture de repli. La fatigue se manifeste sur nos traits figés, sur notre façon de nous tenir courbé(e)s, notre regard est fuyant, nos mouvements manquent d'énergie. Difficile de camoufler notre combat interne !

Maux de ventre et stress

Dans les moments de stress, notre corps se prépare à affronter un danger éventuel. Notre système digestif est ainsi ralenti, pour que l'énergie du corps soit de façon prioritaire allouée à combattre, à faire face. D'où un ventre ballonné, gonflé et douloureux.

Nos contrariétés nous font grossir

Si vous avez une tendance à l'embonpoint, le stress risque de vous faire prendre du poids de manière assez incontrôlable. Les tensions nerveuses modifient ainsi notre comportement alimentaire, on se réfugie davantage dans les aliments gras et sucrés qui ont un effet réconfortant.

La boite à outils sophro

La période actuelle peut se révéler très anxiogène et les tensions ressenties finissent par être visibles et influent sur notre confiance. La sophrologie vous offre un bouclier efficace contre le stress.

Voici un exercice pour vous libérer de votre stress

Exercice à réaliser trois fois (prenez bien le temps entre deux enchaînements de vous focaliser sur vos ressentis) :

- Inspirez profondément par le nez en montant vos mains entrecroisées au-dessus de votre tête.
- Bloquez votre respiration.
- Visualiser que les tensions à éliminer viennent se loger dans vos mains.
- Montez lentement vos mains (elles sont toujours entrecroisées et vous avez toujours la respiration bloquée) à la verticale. Les mains emportent avec elles vos tensions, vos ruminations. Vous pouvez imaginer comme des fils qui relient vos mains à

votre tête, ces fils se font de plus en plus petits jusqu'à se rompre.
- ➢ Expirez lentement par la bouche en redescendant vos mains tout aussi lentement.

Voici un exercice pour atténuer vos tensions physiques et mentales.

Vous êtes assis(e), les pieds posés largeur de votre bassin et à plat sur le sol. Vos mains sont posées sur vos cuisses. Vos yeux sont fermés.

Posez-vous la question suivante « Où se situent les tensions dans mon corps ? »

- ➢ Localisez la zone de votre corps dans laquelle votre stress se loge : tête, poitrine, sternum, ventre…
- ➢ Prenez le temps de le ressentir même si cela n'est pour l'instant pas très agréable, puis de l'observer.
- ➢ Vous dessinez mentalement les contours de ce stress, puis sa ou ses couleurs.
- ➢ Visualisez-le en trois dimensions, comme un objet en 3D. Où commence-t-il ? Quel espace prend-t-il ?
- ➢ Puis à chaque expiration, dirigez un souffle bienveillant dans sa direction. Avec l'intention de l'atténuer, de l'apaiser. A réaliser aussi souvent que

nécessaire. Appréciez les progrès obtenus à chaque exercice.

La surcharge mentale est souvent à l'origine de notre stress. Pratiquons ensemble une courte séance de sophrologie pour vous octroyer un sas de décompression :

ACTIVEZ VOTRE VITALITÉ

L'énergie est sans doute notre ressource la plus précieuse. L'énergie est au cœur de la réussite de toutes nos actions, nos projets. Plus on a de l'énergie, et mieux on se sent pour révéler notre potentiel, et donner le meilleur à nos proches, à nos passions. On se sent plus efficace, plus enclin à la bonne humeur, la joie de vivre.

Cet engrenage ne nous est pas inconnu : le stress, les soucis, un sommeil déréglé et peu réparateur, et un cycle infernal s'installe engendrant fatigue et épuisement. Difficile de garder le cap de la confiance lorsque nous sommes exténué(e)s, et à fleur de peau. Mais, pas de panique ! On ne se laisse pas abattre et on adopte les bons réflexes pour retrouver son énergie !

Car si nous avons appris à gérer un budget, à gérer notre carrière professionnelle, personne ne nous a jamais initiés à la gestion de son énergie.

Notre énergie : une connivence de notre corps et notre esprit

L'énergie repose sur ces trois facteurs, profondément liés et interdépendants :

- L'énergie physique.

- L'énergie mentale, nerveuse.

- L'énergie émotionnelle, psychique.

La fatigue intervenant dans un domaine entraînera des répercussions sur les autres. Par exemple, une activité physique menée au-delà de nos limites corporelles va entraîner une fatigue nerveuse. Nous nous sentirons ainsi énervé(e)s, irritables. L'inverse est également vrai, si nous sommes stables émotionnellement, nous nous sentirons en forme.

Comment gaspillons-nous notre énergie ?

- Quand nous déséquilibrons notre alimentation.
- Quand nous pensons négativement.
- Quand nous sommes trop dans la réaction émotionnelle.
- Quand nous respiration mal.
- Quand nous avons un rythme de vie effréné, que nous effectuons plusieurs tâches simultanément.
- Quand nous nous privons de sommeil.
- Quand nous avons une activité physique insuffisante.
- Quand nous vivons des périodes de stress intense sans nous rebooster.

Apprendre à détecter les signaux faibles de fatigue afin de s'en occuper immédiatement

Vous enchaînez les activités et vous avez besoin de cafés, de stimulants pour maintenir votre niveau d'énergie à flot ? Il est temps de prendre soin de vous !

L'histoire est souvent identique : les personnes que je reçois en consultation ne prêtent pas attention aux messages que renvoie leur corps. Jusqu'à ce que ce dernier se manifeste plus significativement, et rarement de manière anodine (insomnies, douleurs de dos, angoisses, troubles de l'humeur, maux de têtes persistants, etc.). Sans compter que la fatigue peut être source de problèmes au travail, dans nos relations, dans notre foyer. Soyez donc attentif(ve) à vos états internes, à vos sensations car ils sont révélateurs !

Des solutions simples pour faire le plein d'énergie

Gardez le cap vitalité pour des journées en pleine forme avec ces quelques clés.

Respectez votre rythme biologique

Une fatigue physique suite à un entraînement sportif ou à un travail manuel est tout à fait normale. Dormir ou se reposer permettent simplement de recharger les batteries.

La sédentarité ou un excès de fatigue psychique (nerveuse) entraîne une fatigue physique ! Alors, bougez-vous ! Si vous ne faites pas de sport, marchez au moins 30 minutes par jour.

La qualité de votre réveil va déterminer la qualité de votre journée

Concentrez-vous votre attention sur les difficultés à venir, sur les irrémédiables petites corvées à venir et leurs lots d'appréhension et de tensions ? Il y a de grandes chances que vos journées soient difficiles, conflictuelles, épuisantes. Esquivez la mauvaise humeur en célébrant les points positifs ! Pour ce faire, détournez votre attention sur ce qui vous met de bonne humeur, en joie.

Par ailleurs, rien de tel pour positiver et garder un bon état d'esprit que de s'accorder du temps pour s'éveiller en douceur. Vous pouvez effectuer quelques respirations dynamisantes, réaliser un réveil musculaire avec des étirements, des grands bâillements, un peu de gym douce. Ou encore, réaliser cinq minutes de cohérence cardiaque, ou de méditation. Vous pouvez bien évidement cumuler tous ces petits trésors de bien-être...

Buvez régulièrement de l'eau

Bien s'hydrater est fondamental pour être en bonne santé et garder son énergie. Et attendre d'avoir soif est une mauvaise idée : nous sommes déjà en déshydratation lorsque la sensation de soif est ressentie. Une perte de 1%

d'eau de notre poids a pour conséquence une perte de 10 % de nos performances physiques !!

Equilibrez et variez votre alimentation

En évitant de manger trop gras, sucré, salé et privilégiez les produits de saison. Nous consommons en moyenne 100 grammes de sucre par jour, soit le double des rations préconisées ! Un surcroît de sucre va engendrer une hypoglycémie entraînant fatigue, mauvaise humeur…

Déconnectez

Faire une pause est considéré comme un luxe. Pourtant, déconnecter est essentiel pour se ressourcer et retrouver son énergie. Un excès de sollicitation, de mail à gérer, de problèmes à résoudre, ne peuvent que produire une fatigue récurrente. Vous octroyer des plages de déconnexion augmentera votre performance. Vous obtiendrez plus de résultat, plus vite et avec moins de moyens. Alors, aérez-vous, changez d'environnement et débranchez 😊

Faites attention à la façon dont vous respirez

Nous effectuons mécaniquement environ 23 000 respirations par jour et notre cerveau à lui seul consomme 35 % de l'oxygène inhalé ! La respiration, c'est l'oxygénation du sang qui véhicule la vitalité dans toutes les cellules de l'organisme : le cerveau, le système nerveux, le système musculaire, les fonctions digestives, les sens…

Evitez de regarder en boucle les informations

Ecartez-vous également des facteurs qui vous causent du stress. Cela favorise un climat anxiogène. Faites attention au flot d'informations qui vous arrive et apprenez à vous en détacher.

Faites des projets…

Programmez par exemple vos prochaines vacances ! Anticiper des périodes de repos, d'escapade est bénéfique pour le moral. En effet, la perspective d'une prochaine évasion, ne serait-ce que pour un week-end, vous réconfortera et vous donnera du baume au cœur.

Prenez du temps pour vos activités personnelles, faites-vous plaisir !

Accordez-vous un moment qui vous fait plaisir, en dehors de la famille et du sport. Un plaisir par jour éloigne du stress, récompense par un apaisement, un détachement ! Prendre soin de soi, se faire plaisir sont un entraînement, plus on les pratique, plus on sent la joie de vivre nous envahir. Plaisir de manger, de rire, écouter de la musique, lire, etc.

La boite à outils sophro

Cinq outils sophro pour des journées au top

Vous réaliserez ces exercices de sophrologie dans un endroit calme, debout, les pieds bien ancrés dans le sol, écartés à la largeur votre bassin. Vos genoux seront déverrouillés et votre ventre relâché. Vous laisserez vos épaules s'abaisser, les bras seront relâchés le long de votre corps. Vous garderez votre tête dans le prolongement de votre colonne vertébrale. Vos yeux seront fermés.

Réveil en forme

Pas toujours en forme le matin au réveil ? Des tensions dans le corps, ou un sommeil qui n'a pas été suffisamment récupérateur ? Repoussez la fatigue et stimulez le corps avec cet exercice et retrouvez vitalité dès le début de journée.

Déplacement du négatif. Exercice à réaliser trois fois.
- Inspirez profondément par le nez en plaçant vos mains derrière la tête.
- Bloquez votre respiration.
- Visualisez vos tensions ou votre fatigue à éliminer et expirez fortement par la bouche en projetant vos bras vers l'avant.
- Revenez en position initiale en expirant fortement.

Prenez ensuite quelques instants pour observer vos sensations et vos ressentis.

Lien vers la vidéo :

Somnolence en début d'après midi

Vous avez le sentiment de manquer de force, d'énergie pour amorcer vos activités, vos tâches professionnelles du milieu de journée ? Apportez une attention particulière à votre déjeuner. En effet, une alimentation trop riche et copieuse entraîne une digestion lente et difficile et donc de la fatigue. Et des repas sautés ou insuffisants occasionnent par leurs carences en calories et en nutriments une défaillance d'énergie, et un manque de motivation pour le reste de votre journée.

Par ailleurs, pour une récupération rapide et efficace, adoptez la sieste flash. La sieste flash peut se pratiquer discrètement, n'importe où (sauf au volant bien sûr). Contrairement à la sieste traditionnelle, aucun risque de perturber la nuit à venir même si vous faites une sieste flash à 19 h.

Voici comment la pratiquer :

• Asseyez-vous confortablement, les pieds à plat sur le sol, le bas du dos droit.

• Fermez les yeux et prenez conscience de vos points d'appui (votre dos, votre bassin, vos cuisses, vos pieds).

• Inspirez et expirez longuement, tout doucement en fixant votre attention sur votre souffle.

• Laissez vos muscles se relâcher : inspirez en vous concentrant sur visage, expirez en relâchant complètement votre visage. *Idem* pour les épaules, le dos, le thorax, le ventre, le bassin, les jambes…jusqu'aux orteils.

• Etirez-vous, baillez et inspirez profondément, puis soufflez puissamment. Vous pouvez maintenant ouvrir les yeux.

Lien vers la vidéo :

Relâcher la pression

Les obligations quotidiennes sont de plus en plus pesantes. Le stress, voire le surmenage sont présents et vous vous sentez submergé(e), dépassé(e). Cet exercice de respiration est à effectuer lorsque vous ressentez des tensions, une sensation de débordement. Il va vous permettre de relâcher la pression, de vous soulager et de retrouver une sensation de calme.

- Inspirez, bloquez la respiration et faites « non » doucement avec votre tête, non au stress, non aux tensions. Revenez doucement en position initiale en soufflant doucement par la bouche.

- De nouveau, Inspirez, bloquez la respiration et faites « oui » doucement avec votre tête. Dites « oui » à la sérénité et à un calme intérieur. Revenez doucement en position initiale en soufflant doucement par la bouche.

- Une dernière fois, inspirez, bloquez votre respiration et faites doucement des mouvements de rotation avec votre tête. Imaginez diffuser le calme dans tout votre corps. Revenez doucement en position initiale en soufflant doucement par la bouche.

Lien vers la vidéo :

4. Créer un sas de décompression en rentrant le soir

Cet exercice est à pratiquer en fin de journée pour vous relaxer ou récupérer. Car votre esprit travaille constamment ! Dans vos journées bien remplies, vous ne trouvez pas forcément le moyen de faire une pause. Apaiser son mental et gérer le surplus d'informations toxiques qui s'accumulent au cours de la journée s'apprend rapidement grâce à cet exercice pompage des épaules. Il va permettre d'éliminer les tensions pour vous débarrasser de vos contrariétés.

Vous êtes debout, les pieds écartés de la largeur du bassin, les yeux fermés. Effectuez trois fois cet enchaînement :

- ➢ En inspirant profondément, levez les deux bras à l'horizontale, la main tendue.
- ➢ Retenez votre respiration quelques instants et ramenez le poing droit à hauteur de l'épaule droite, le coude en arrière.
- ➢ Lancez le poing droit devant vous, en soufflant fortement par la bouche.
- ➢ Relâchez les bras le long du corps, mains ouvertes.
- ➢ Respirez normalement.

5. Un exercice pour favoriser le sommeil

S'offrir une détente express : allongé(e) dans votre lit, les yeux fermés, prenez une profonde inspiration, bloquez quelques instants la respiration et contractez tous les muscles de votre visage. Soufflez et relâchez. Recommencez avec chaque partie de votre corps (le cou, les bras, le buste, les fessiers, les jambes).

PRENEZ CONSCIENCE DE VOTRE CAPACITÉ À VOUS AFFIRMER

Au quotidien, savoir s'affirmer est le moyen de faire part de ses besoins et de se faire respecter.

Que cela soit dans la vie personnelle ou professionnelle, il peut être difficile de s'affirmer. La peur du conflit, la peur du ridicule, ou tout simplement le manque d'assurance sont autant de raisons pour ne pas oser manifester ses opinions, ses idées. Mais au quotidien, savoir s'affirmer est le moyen de faire part de ses besoins, et de se faire respecter. *In fine*, c'est trouver un équilibre dans sa relation aux autres.

S'affirmer ne signifie pas exiger, offusquer, ni imposer, mais se déterminer, se positionner, s'honorer.

S'affirmer c'est se respecter tout en respectant l'autre et sa différence

C'est donc exprimer ses sentiments et besoins en faisant preuve d'authenticité. En nous montrant assertifs, nous assumons notre personnalité, notre vision, nos envies. Sans faux semblant, sans cacher nos failles ni nos forces.

Pourquoi c'est important ?

Si nous ne savons pas formaliser ce qui est important pour nous, si nous n'osons pas être nous-même, nous nous coupons avec notre légitimité, nos désirs. Nous créons ainsi un vide émotionnel, sclérosant notre personnalité, avec à terme une perte d'estime de soi.

Par ailleurs, en nous effaçant, et devenant passifs, nous laissons la place aux attentes de l'autre. Nous calquons ainsi nos comportements pour répondre aux désirs des autres, effritant davantage notre confiance en soi.

Pourquoi avons-nous peur de nous affirmer ?

Nous sommes conditionné(e)s par notre enfance. Si nous n'avons pas appris à développer le sentiment de notre propre valeur, ni à exprimer nos besoins, nous éprouvons de la difficulté à nous faire entendre et nous faire respecter. Ce conditionnement altère notre relation à ceux qui nous entourent.

De plus, s'affirmer, c'est prendre le risque de froisser l'autre, d'entrer dans des conflits. Nous freinons notre propension à nous ouvrir pour éviter la perspective d'être rejeté(e), exclu(e).

Cinq règles en or pour oser s'affirmer

Comme tout changement personnel, s'aventurer vers l'affirmation de soi demande de sortir de sa zone de confort et cela n'est pas toujours aisé. Mais vos efforts seront largement récompensés.

Rester à l'écoute de ses besoins et de ses attentes

La première et incontournable des étapes est de se connaître, d'avoir un aperçu clair de nos exigences. Définir ce qui est important pour soi, identifier ses valeurs. Cette connaissance nourrira notre force intérieure. Nous pourrons ainsi nous appuyer sur ce qui nous définit pour nous sentir à l'aise, pour nous faire respecter, et pour savoir dire « non» quand cela est nécessaire.

Définir ses limites

Une limite est une délimitation de ce qui nous paraît acceptable, tolérable et elle est déterminée par nos priorités, nos valeurs. Si nous permettons aux autres de franchir cette limite, nous ne respectons plus nos valeurs, nous nous retranchons. En fixant des limites, nous allons reprendre de l'assurance et favoriser des relations saines.

Oser exprimer les demandes

Qui ne demande rien n'obtient rien ! Une étape clé pour s'affirmer est d'oser demander. Ne pas attendre que les autres devinent nos besoins, car nous seuls savons ce qui est bon pour nous.

Si la demande est délicate, si l'on souhaite aborder une situation qui nous a déplu, il est utile d'employer la première personne du singulier. En utilisant le « je », nous nous éloignons de la revendication, du jugement, pour nous ouvrir à nos ressentis.

Développer l'estime de soi

Quand on manque d'estime de soi, on a tendance dans nos relations à se protéger. Et la façon la plus directe de nous mettre à l'abri des critiques et des jugements est de succomber aux reproches, voire à l'agressivité. Or c'est contre-productif car nous bloquons ainsi la relation. Il est plus judicieux d'exprimer plus justement ses émotions. Par exemple, si un collègue souhaite nous confier une tâche qu'il ne maîtrise pas, nous pouvons simplement proposer « *Je croule sous les dossiers aujourd'hui. Cela m'ennuie de ne pas pouvoir te venir en aide, mais ce n'est pas possible.* ». Plus on se place en priorité, plus on se respecte, plus on renforce notre estime personnelle.

Se libérer de sa peur de déplaire, voire sa peur du conflit

Si nous nous abstenons de déplaire, c'est pour être apprécié(e), aimé(e) et donc éviter d'être rejeté(e). Mais c'est une lutte vaine. Car en falsifiant notre personnalité pour correspondre aux attentes des autres, nous ne sommes pas apprécié(e)s pour ce que nous sommes réellement. Pour être intègres, pour vivre pleinement selon nos aspirations profondes, apprenons à nous respecter. Cela implique d'apprendre à se connaître, à s'écouter, s'accepter, à se dire oui. Pour ce faire, entraînez-vous à observer les situations dans lesquelles votre peur de déplaire vous fait flancher ou vous oblige à travestir ce que vous souhaitez vraiment révéler de vous. Dès que vous reconnaissez ce réflexe, tentez de modifier consciemment cet automatisme.

La boite à outils sophro

Voici un exercice qui va vous libérer ce qui vous empêche d'oser.

Exercice de l'éventail

• Placez-vous debout, les mains le long du corps. Vos yeux sont fermés. Vous commencez par prendre trois grandes respirations pour relâcher les tensions.

- Ensuite procédez à trois enchainements de l'exercice :
  ➢ Inspirez par le nez, retenez votre respiration quelques instants.

  ➢ Effectuez de petits sauts sur place en relâchant le haut du corps (thorax, bras et tête). Imaginez écraser vos peurs, doutes et tous les blocages.

  ➢ Le bas du corps reste tendu pour assurer vos appuis.

  ➢ Sentez votre corps rebondir.

  ➢ Arrêtez lorsque cela devient inconfortable, revenez en position initiale lentement en soufflant fortement par la bouche et en laissant tomber vos bras le long du corps

Renouvelez deux autres fois l'exercice en prenant bien le temps de ressentir les sensations dans votre corps entre chaque enchainement.

A retenir :

Il y a un lien entre confiance, émotion besoin et action. Ce qui nourrit notre assurance, c'est l'action. Or, très souvent, ce qui nous empêche de passer à l'action, ce sont les émotions désagréables.

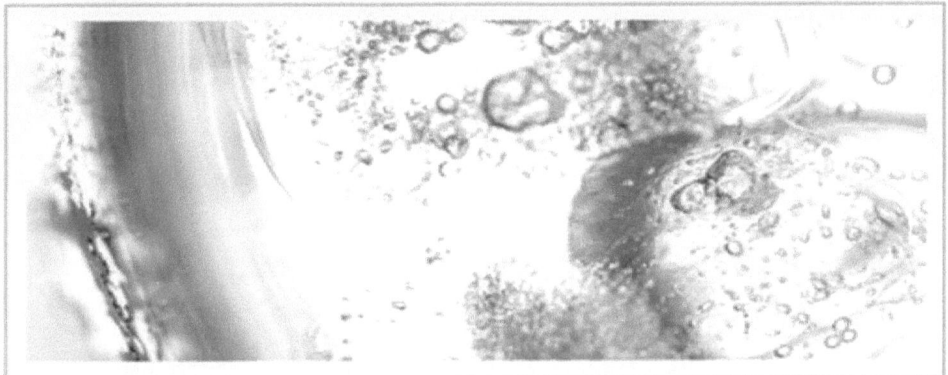

Passez à l'action

Tout l'enjeu est donc d'apprendre à passer à l'action malgré nos peurs et sans prendre de risques ! En effectuant ainsi des petits pas mesurés, mais ponctuels. Pour que petit à petit, nous ayons suffisamment d'assurance pour augmenter l'envergure de notre zone de confort et donc augmenter la taille des pas et l'ampleur de nos actions.

QUELQUES CLÉS À APPLIQUER DANS VOTRE QUOTIDIEN :

- Arrêtez de vous marteler de phrases assassines. On chasse ses pensées négatives, l'autocritique et pensées dévalorisantes. Donnez-vous le droit à l'erreur, à l'imperfection !

- Recentrez-vous pour faire le point sur vos valeurs, votre singularité, vos compétences, qualités, ressources. Vous pourrez ainsi partir à la conquête de vos rêves, de ce qui est vraiment important pour vous, en vous appuyant sur vos forces, et non vos manques.

- Acceptez que tout est imparfait, acceptez vos fragilités. Et dites-vous que mieux vaut « fait que parfait »

- Activez votre vitalité. Et oui, le manque de sommeil, la 'mal bouffe', va dilapider votre énergie et donc votre confiance. Donc, on s'alimente bien, on évite les écrans le soir pour favoriser un sommeil réparateur.

- Travaillez votre posture : Des études ont démontré que nous pouvons passer d'un état de manque d'assurance à un état de confiant en ajustant notre posture : tenez-vous droit, torse bombé, regard franc, sourire affiché. Cela diminuera conséquemment votre stress face à autrui.

- Accordez-vous des moments de détentes. La fatigue augmente votre état de stress, ce qui impact négativement notre assurance.

- Pratiquez du sport, vecteur d'une bonne estime de soi, de pensées constructives et positives

- Révisez vos objectifs, défis pour qu'ils soient réalisables...

- Osez exprimer ce qui est important pour vous au quotidien

- Chaque jour, écrivez ce qui vous a rendu fier(e). Célébrer les petites victoires reconstruit l'estime de soi !

Table des matières

Préambule 1
Sophrologie et confiance en soi : de la théorie à la pratique 8
Prendre du recul face aux schémas autocritiques et dévalorisants 12
Votre pire ennemi : la peur 17
Instaurez un état positif 27
Apprenez à maîtriser vos émotion 34
Déployez vos ressources, votre puissance 41
Développez une image de vous saine et sereine 47
Activez votre vitalité 64
Prenez conscience de votre capacité à vous affirmer 77
A retenir 85